Société Française de Secours aux Blessés Militaires

LE COMITÉ SECTIONNAIRE

DE

SAINT-DENIS

pendant la Guerre de 1870-71

D'APRÈS LES NOTES RECUEILLIES

PAR

PAUL DEVIGNE

PARIS

IMPRIMERIE DE VAUGIRARD

12-13, impasse Ronsin

—

1912

LE COMITÉ SECTIONNAIRE

DE

SAINT - DENIS

pendant la Guerre de 1870 - 71

Société Française de Secours aux Blessés Militaires

LE COMITÉ SECTIONNAIRE

DE

SAINT-DENIS

pendant la Guerre de 1870-71

D'APRÈS LES NOTES RECUEILLIES

PAR

PAUL DEVIGNE

PARIS

IMPRIMERIE DE VAUGIRARD

12-13, impasse Ronsin

—

1912

AVANT-PROPOS

Dès le 13 juillet 1870 la guerre était inévitable et l'effervescence qui se manifestait à Paris disait assez la gravité de la situation. Toute la presse donnait, le lendemain, le récit des manifestations qui s'étaient produites à partir de neuf heures du soir sur toute la ligne des boulevards et principalement en face de la petite Bourse, entre le café du Grand Balcon et le Café Grétry. Ils étaient là cinq ou six mille manifestants, des rangs desquels partaient, fusaient des clameurs bruyantes répétées à l'alentour : « A Berlin ! A Berlin ! Vive la Guerre ! »...

La constatation de cet enthousiasme populaire faisait pendant à des précisions sur l'incident Benedetti et la dépêche d'Ems. *Paris-Journal* et le *Constitutionnel* annonçaient même la signature de la déclaration de guerre qui tarda de quelques jours seulement. Et la presse faisait écho aux manifestants de la rue : « A Berlin ! A Berlin ! »

Hélas ! Le gouvernement avait bien donné l'assurance de sa parfaite préparation ! La population manifestait bien d'un engouement sans égal ! La dépêche adressée, le 2 août à 5 heures 52 du soir par le Ministre de l'Intérieur aux préfets et sous-préfets annonçait bien, de la part de l'Empereur, que le matin même notre armée avait « pris l'offensive, franchi la frontière et envahi le territoire ennemi » ! Hélas ! tout cet optimisme devait tomber aussitôt. Les nouvelles

contradictoires se succédaient et l'on y distinguait, à la ré-
flexion, les pires aveux. Cependant la plupart des Français
restaient en proie à la fièvre et s'illusionnaient encore. Et
les Prussiens étaient chez nous! Notre infériorité apparaissait flagrante !.... Où s'arrêteraient les épreuves ? Il ne
pouvait être question de le supputer. Il importait de parer
au plus pressé.

Tandis que certains s'occupaient activement, fébrile-
ment, de l'improvisation de la défense, de l'organisation
d'unités destinées à ralentir ou à arrêter la marche de l'envahisseur, d'autres personnes songeaient aux malheurs
qu'entraîne la guerre, aux douleurs qu'elle engendre. Se
souvenant de la leçon du « bon Samaritain » qui passa près
du blessé et, ému de pitié, « s'approcha, banda ses plaies en
y versant de l'huile et du vin, et le plaçant sur sa monture, le
mena dans une hôtellerie et prit soin de lui », se souvenant
que le Maître a dit : « Va donc, et fais de même », (1) ces personnes songeaient aux morts et aux blessés qui demeurent
au champ de bataille, nobles victimes, tombées en accom-
plissant un devoir sacré et, par là, d'autant plus dignes
de la pitié chrétienne.

Pendant que certains, aveuglément confiants, parlaient
le langage de l'espoir en des victoires prochaines, affirmant
avec M. de Pène (2) « les Prussiens en France nous déso-
lent, mais ne nous inquiètent plus, » d'autres s'inquiétaient,
devant la désolation semée par l'ennemi et ne se demandant pas si « nous marchions par de dures épreuves à la victoire » (3) se préoccupaient des moyens de pallier à tout

(1) St Luc; X. 23-37.

(2) *Paris-Journal*, 10 août 1870.

(3) *Ibid.*

prix ces malheurs. La charité trouvait encore des apôtres dans notre pays malheureux...

Et ce n'était pas seulement tout là-bas, sur la ligne de Strasbourg et de Metz, que se levaient ces pacifiques milices qui furent parfois aussi sublimes dans leur dévouement que les autres, celles qui allaient au feu. Il s'en levait partout, il en fleurissait sur tous les points du territoire qui ne voulaient point être surprises et qui, si elles désiraient de toute leur âme n'avoir pas à intervenir, n'en voulaient pas moins être prêtes, si la nécessité s'imposait d'agir.

Saint-Denis ne pouvait rester en arrière. Saint-Denis qui a joué dans notre histoire nationale un si grand rôle et qui reste le foyer où tant de saintes et nobles traditions aiment à se reporter ; Saint-Denis, dont les couleurs ont flotté pendant tant de siècles sur nos armées, les conduisant à la victoire ; Saint-Denis dont le nom seul servait de ralliement aux troupes françaises s'élançant à l'ennemi au cri de « *Montjoye Saint-Denis* » : Saint-Denis qui fut tant de fois le théâtre de luttes à jamais fameuses ! Saint-Denis devait se souvenir d'autrefois, alors que le sol de la patrie était foulé par l'étranger.

Il devait se souvenir pour se tenir prêt à répondre à l'agresseur ou à succomber noblement, avec la satisfaction du devoir accompli jusqu'au bout. Il devait se souvenir aussi que la charité est une obligation d'autant plus impérieuse, qu'elle sollicite des dévouements d'autant plus beaux, d'autant plus absolus, que les maux sont plus grands qui affligent le prochain. Que Saint-Denis se soit montré digne de son passé en face des assaillants, qu'il ait su faire les sacrifices de courage nécessaires, nous laissons à d'autres le soin de le rechercher, le soin de l'écrire pour les générations qui montent. Pour nous, nous voulons nous borner à rappeler que sur le terrain de la pitié due à ceux qui pâtissent, des nobles cœurs se sont trouvés qui ont su se dévouer, se prodiguer, et si de nombreux et rudes coups furent portés, il se trouva des mains charitables pour verser sur les plaies l'huile et le vin, pour charger les malheureux sur des montures et les transporter dans une hôtellerie où l'on prit soin d'eux.

Après que la justice du Dieu des Armées fut satisfaite, toujours le « Consolateur des Affligés » vint aux victimes et si nous retraçons les mérites de ceux qui se prodiguèrent en ces jours sombres de 1870-1871, c'est uniquement pour soumettre les leçons du passé aux Français et aux Françaises du présent. Elles leur seront, si des jours pareils nous attendent dans l'avenir, un exemple précieux, illustrant cet ordre venu de si haut : « *Va donc, et fais de même !* »

Paris, 1er Août 1912.

Le Comité sectionnaire de Saint-Denis

DE LA

SOCIÉTÉ DE SECOURS AUX BLESSÉS
EN 1870-1871

L'ORGANISATION DES AMBULANCES

Quinze jours après la déclaration de la guerre, la supériorité des Allemands ne pouvait plus faire aucun doute. Elle s'affirmait chaque jour par de nouveaux avantages. Si le patriotisme français pouvait en souffrir, il ne pouvait, hélas ! le nier. Les revers de nos armes laissaient prévoir les nouvelles épreuves qui allaient nous être infligées ; aussi, tandis que la défense s'organisait à la hâte de toutes parts, un banquier parisien, originaire de Saint-Denis, M. Hippolyte Salle, prenait l'initiative, d'accord avec le Maire de la Ville de Saint-Denis, M. Giot, d'une réunion au cours de laquelle on envisagerait les moyens propres à assurer les secours que pourraient solliciter les blessés de la guerre. Il apparaissait, en effet, aux organisateurs que la marche des Prussiens sur Paris ne serait pas facilement entravée. Ils se mirent donc résolument à l'œuvre.

Le premier acte des hommes de cœur qui allaient se dépenser sans compter fut de rechercher un endroit propice à l'établissement d'une ambulance. Leur choix s'arrêta bientôt sur le magnifique local des religieuses Carmélites, rue Fontaine, nº 17. Il comptait quatre pièces spacieuses et une cuisine au rez-de-chaussée, quatre autres au premier étage ; un parc où les convalescents pourraient venir respirer le bon air, avec, sur un des côtés, un hangar séparé du corps de bâtiment et où pourraient être déposés les morts en attendant leur transfert au cimetière. Cette maison de prières semblait particulièrement qualifiée pour hospitaliser les petits soldats tombés victimes. C'était un choix heureux !...

Mais il restait tout à faire. Le Comité, composé de MM. Wolff, Hippolyte Salle, président, Girardin, secrétaire, Brière, trésorier, M. l'Abbé Caron, curé de St-Denis, M. le Pasteur Saglin, et de MM. Brodin, Brosser, Berthe, Coëz père et fils, Courtois, Dury, Gessard, Jacques Guillaume, Lebel, Moulin, Montérat, de Plument, Renoult, Boubolle, le Comité s'adressa tout d'abord aux dames dévouées qui, spontanément, avaient offert leur concours, se refusant à rester en arrière alors que la France réclamait l'aide de tous ses enfants.

Au mois d'août, alors que les mauvaises nouvelles se multipliaient, les vaillantes femmes lançaient à la population dyonisienne un appel dont nous devons conserver le texte à la postérité, afin que le dévouement et le souffle de charité qui le dictèrent restent un exemple dont pourront s'inspirer dans l'avenir, s'il en était malheureusement besoin, les générations nouvelles. Ce document portait en tête la mention « *Sous-Préfecture de Saint-Denis* » et le titre : *Comité des Ambulances de la Ville de Saint-Denis.* Il disait ensuite :

« Il n'est pas permis à tout le monde de prendre les armes
« pour défendre la Patrie menacée, mais ceux qui restent ont
« un devoir sacré à remplir : secourir les blessés et les mettre
« en état de combattre de nouveau, le plus promptement pos-
« sible.

« Ce rôle est surtout celui des femmes.

« Les Dames soussignées viennent donc de se constituer en
« Comité pour recueillir à domicile les offrandes en nature et
« en argent destinées aux blessés de notre héroïque armée.

« Le Comité fait appel aux sentiments de la population, pour
« obtenir les objets suivants : draps de lit, couvertures, che-
« mises, flanelle, linge de toute espèce, etc.., qui seront reçus
« à la Sous-Préfecture tous les jours et à toute heure.

« Un registre sera également ouvert à la Sous-Préfecture,
« tous les jours, de 10 heures à midi, pour recevoir la déclara-
« tion des personnes qui, pouvant disposer d'un ou de plusieurs
« lits chez elles, se chargeraient en même temps des soins à
« donner aux blessés.

« Enfin, les sommes d'argent recueillies serviront à établir
« une ambulance, dans le bâtiment des Dames Carmélites (rue
« Fontaine), que ces dignes Sœurs se sont empressées de mettre
« à la disposition du Comité, et où les blessés seront soignés par
« les Dames de la Ville, de concert avec des Religieuses.

« Cet appel sera entendu par les habitants de Saint-Denis,
« nous en avons la ferme confiance.

« La lutte peut être longue, les sacrifices doivent être à la
« hauteur de la valeur de nos soldats.

Les membres du Comité.

Mmes FOULD, cours Chavigny, 2.
MERCIER, Hôtel de la Sous-Préfecture.
PASSERIEU, rue Moreau, 4.
SALLE, rue Compoise, 63.

Cet appel si éloquent, daté de « Saint-Denis, 12 août
1870 », avait été répandu dans toutes les maisons de la ville
et le lendemain les Dames du Comité, accompagnées de
leurs amies, se mettaient en campagne, recueillant beaucoup de promesses mais peu d'argent, puisque malgré leurs
actives démarches elles ne pouvaient offrir au « Comité des
Ambulances, » quand celui-ci commença à fonctionner,

que la somme, minime à la vérité, de deux-mille cinq cents francs. Mais personne ne se découragea pour cela. Bien au contraire, l'accueil fait à l'initiative des Français et Françaises désireux de se montrer « à la hauteur de la valeur de nos soldats » dans leur œuvre patriotique, les encourageait vivement : « Quand nous aurons montré la nécessité, l'urgence de notre institution, les secours nous viendront tout seuls, se dirent-ils avec raison, la Providence y veillera ! »

Et la Providence y veilla.

Le 15 août, à l'issue de la messe de midi où se pressait une assistance nombreuse, M. Salle avait réuni autour de lui les quarante membres de « l'œuvre de la Sainte-Famille » qu'il dirigeait. Devant les détails de plus en plus navrants qui venaient de la frontière, il ne pouvait être question que des épreuves qui fondaient sur la France, parmi les Français réunis là, et il importait d'agir.

M. Salle le dit en quelques mots, demandant ensuite à ses auditeurs de vouloir bien consacrer leur après-midi à recueillir, dans les maisons où l'on en avait fait l'offre aux Dames du Comité, les lits, draps, couvertures nécessaires pour l'organisation immédiate de l'ambulance de la rue Fontaine.

On s'était mis résolument à la besogne et toutes les rues furent parcourues. Le soir, vingt lits étaient montés, garnis, prêts à recevoir les victimes de la guerre, pour l'usage desquels de grandes quantités de linge avaient été disposées dans les armoires de l'ambulance.

L'organisation ainsi mise sur pied allait bientôt rendre des services ; car si les malheurs de la guerre devaient encore tarder quelque peu à fondre sur Saint-Denis, la maladie fit bientôt son apparition : une maladie terrible entre toutes,

la petite vérole noire. Nul n'osait s'approcher des pauvres
malades ; la crainte de contracter le mal implacable faisait
reculer jusqu'aux amis, jusqu'aux parents même. Il ne
pouvait être dit que les artisans de l'œuvre de charité si
bien entreprise se récuseraient en cette circonstance, eux
aussi. Ils se mirent immédiatement à l'œuvre. On vit en
particulier M. Salle, M. de Plument et M. Brosser, des religieuses et quelques dames, se dévouant sans compter au
chevet des malades. Ces personnes charitables avaient
du reste fait joyeusement le sacrifice de leur vie, en se disant
l'une à l'autre : « Il faut mourir une fois, on ne meurt qu'une
fois. Quand la Providence voudra ! » Voilà bien l'héroïsme
chrétien ! Si les malheureux furent soignés à domicile, du
moins l'organisation permit aux dévouements de se con-
naitre, de se grouper et par l'union d'acquérir la force.
Aussi, bien que cet épisode pût paraitre ici déplacé, il se
trouve tout naturellement rattaché à l'objet de notre étude
et nous ne devons pas le taire. Le magnifique dévouement
des «ambulanciers de Saint-Denis», en cette circonstance, ne
fit du reste qu'attirer davantage encore l'attention sur eux.
C'est ainsi qu'ils reçurent bientôt, de la *Société de Secours
aux Blessés*, l'offre de se réunir à cette admirable institution
et de former un de ses sous-comités. La question fut aussitôt examinée ; mais le « *Comité des Ambulances* » fit répondre à M. le Comte de Flavigny que, touché de sa propo-
sition, il ne jugeait pourtant pas mériter de devenir un des
rameaux de l'arbre magnifique dont l'ombre allait s'éten-
dre bienfaisante sur nos blessés. Le Comité de Saint-Denis leur
paraissait trop modeste et ils demandèrent simplement
à M. de Flavigny de vouloir bien les agréer au titre de « *Comité sectionnaire de la Société de Secours aux Blessés* ».

Le président de la Société s'empressa de satisfaire à la

supplique des organisateurs de l'ambulance de la rue Fontaine et le Comité Central nomma aussitôt, comme délégué près des ambulances de Saint-Denis, M. Le Camus, de Paris, à qui revenait le soin de recevoir les doléances du Comité sectionnaire, et de les transmettre à Paris.

L'œuvre entrait ainsi dans une nouvelle phase où elle allait pouvoir rendre encore de nouveaux et plus grands services, car les nuages s'amoncelaient à l'horizon. L'invasion se poursuivait.

POUR LES FEMMES, LES VIEILLARDS
ET LES ENFANTS

Tandis que les pourparlers se continuaient avec le Comité de M. le Comte de Flavigny, les hommes qui avaient assuré les services charitables à Saint-Denis ne restaient pas inactifs et il n'est pas permis de taire les initiatives heureuses qui surgirent.

« Il était évident, pour les personnes qui regardaient les choses de sang-froid, que la marche des Prussiens ne pouvait plus être arrêtée. Après Borny, après Rezonville, après Saint-Privat, on voyait Metz investi et la garde prussienne arrivait à Châlons, libre. Sedan se préparait. Certes la situation n'avait encore rien de désespéré ; mais les oreilles étaient encore pleines des cris de la veille : « A Berlin ! A Berlin ! » et les Prussiens étaient à mi-chemin de Paris...

M. Hippolyte Salle et ses compagnons s'occupèrent alors du lendemain. Ils songèrent fort sagement à l'arrivée prochaine des envahisseurs et ils se répandirent par Saint-Denis, engageant les habitants à ne pas perdre de temps pour se préparer à supporter le choc, hélas ! trop possible. « Il faut, disaient-ils, envoyer loin de Paris les vieillards, les femmes, les jeunes filles et les enfants ! Que les hommes qui doivent prendre une part quelconque à la guerre restent seuls. La défense sera d'autant facilitée que nous aurons moins à craindre pour des êtres chers et faibles qui ne peuvent être utiles, au contraire !... » Le Comité se mit aussitôt à la disposition des habitants qui n'avaient pas d'amis dans les régions où l'invasion n'était pas à craindre, pour leur indiquer des correspondants qui les recevraient avec plaisir et leur accorderaient la meilleure hospitalité. L'exode commença.

Mais, si l'on pouvait s'adresser aux chefs de famille pour leur donner un conseil aussi sage, M. Salle et ses amis pensèrent aussitôt à celles qui n'avaient pas de foyer; aux orphelines hospitalisées par les Sœurs de Saint-Vincent de Paul. Un certain nombre d'entre elles furent bientôt recueillies par des parents ou des amis qui se chargèrent du soin de leur assurer une retraite sûre. Il ne restait qu'une soixantaine de pauvres enfants, seules au monde, qui ne pouvaient avoir un même sort.

Fallait-il donc les abandonner ? Fallait-il laisser ces petites malheureuses livrées aux hasards de l'invasion ?

Le Comité n'hésita point. Pour vingt-cinq d'entre elles, les toutes petites, il y avait moins à craindre ; mais on ne pouvait laisser à Saint-Denis trente-six de ces orphelines qui étaient âgées de quatorze, quinze et seize ans ?... La soldatesque victorieuse ne respecte rien. Il ne fallait pas songer à maintenir à l'orphelinat les enfants auxquelles se dévouait Sœur Guyot.

Or, il y avait à l'époque, parmi les religieuses de Saint-Vincent de Paul, une petite sœur venue du fond de la Bretagne; la sœur Henriette Desmette. Sa famille habitait toujours Tréguier, où une sienne parente dirigeait une maison des Dames de la Croix. Elle était tout indiquée pour recevoir les orphelines. Aussi, à l'heure où l'offensive allemande se poursuivait, le dimanche 28 août, deux charrettes vinrent se ranger à la porte de l'orphelinat. En hâte, les trente-six fillettes firent chacune un paquet des objets qu'elles devaient emporter. Et cela se réduisait à une paire de bas, des chemises et des objets de toilette enfermés dans une serviette, voire même dans un mouchoir et puis... elles s'entassèrent dans les voitures qui partirent aussitôt, se dirigeant vers Paris. Si à cette heure les orphelines pleuraient, bien des larmes coulaient aussi chez ceux qui restaient.

On nous permettra de dire, d'après une survivante des jeunes voyageuses, les péripéties de ce voyage; nous le ferons du reste sommairement :

Arrivés à la Madeleine, à l'entrée de la rue Royale, les conducteurs se virent dans l'obligation d'arrêter leurs voitures. Il n'était plus possible d'avancer. Les orphelines durent descendre et, de là, marcher jusqu'à la gare Montparnasse. Pour comble de malheur on apprit qu'un train venait de partir. Il fallut attendre pendant de longues heures qu'un nouveau train fût formé. Et ce n'est qu'à minuit seulement qu'elles purent monter dans le wagon que le chef de gare avait bien voulu leur réserver. Le train les conduisit seulement jusqu'à Lannion où elle n'arrivèrent qu'à 5 heures du soir. Il fallut de nouveau remonter en voiture pour arriver à Tréguier vers huit heures. On se représente aisément ce qu'un tel voyage eut d'affreux. Mais valait-il pas mieux l'imposer aux jeunes filles que de risquer de les voir souillées par les Teutons ?

Du reste, l'accueil qu'elles reçurent de la part des sœurs de la Croix et des Dames de Tréguier qui se mirent aussitôt à la besogne pour qu'elles ne manquassent de rien, un accueil si chaleureux dut bien vite leur faire oublier ces fatigues. Et, si elles avaient pleuré au départ de Saint-Denis, elles furent bien pardonnables de pleurer encore, le dimanche 19 mars 1871, quand elles durent reprendre le chemin de Saint-Denis avec la sœur Henriette et la chère sœur supérieure qui était venue les chercher. Nous aurons donné une idée des soins

attentifs dont furent l'objet les enfants de Saint-Denis quand nous aurons dit ce dernier détail : Durant les sept mois passés à Tréguier, une seule orpheline fut malade et encore n'en resta-t-il bientôt aucune trace, grâce au dévouement dépensé autour d'elle.

Les horreurs de la guerre épargnées à ces jeunes filles, n'est-ce pas là un bien beau titre pour ceux et celles à l'initiative desquels était dû leur exode ?...

Les membres du *Comité sectionnaire de Saint-Denis de la Société de Secours aux Blessés*, allaient encore recueillir bien d'autres titres à l'admiration et à la reconnaissance des Français !...

LES PREMIERS COMBATS

On ne chômait toujours pas en effet à la rue Fontaine. Tandis qu'on s'organisait à la Légion d'honneur pour établir une ambulance qui devait rendre de grands services, le comité sectionnaire se multipliait. Nous avons sous les yeux un document qui le dit assez. Après avoir rappelé les noms des membres du comité, après avoir dit que M. Maurice Langlassé, garde mobile du 17e bataillon de la Seine, avait été désigné pour le service des vivres des ambulances de Saint-Denis, ce rapport, signé H. Salle et adressé à M. Le Camus le 10 janvier 1871, continuait :

« Avant l'investissement, tous les membres du Comité se sont
« activement occupés de disposer des ambulances, de préparer
« le transport des blessés, d'établir à l'intérieur de la ville et
« dans les quartiers les plus éloignés, des brancards destinés à
« porter de prompts secours en cas de bombardement. Malheu-
« reusement cette dernière précaution n'a pas été inutile.
« Pendant le mois de septembre, nous avons eu de tous côtés
« des accidents sans nombre, qui n'étaient pas causés par des
« bombes, mais par la maladresse des Mobiles qui n'avaient
« aucune expérience de leurs armes. »

Nous n'insisterons point sur ces détails; il nous tarde, en effet, d'arriver aux combats au cours desquels nos ambulanciers improvisés devaient rendre tant et de si grands services ; mais auparavant il convient pourtant de rappeler que si l'ambulance avait déjà reçu des blessés, même avant Pierrefitte, ainsi que nous venons de le voir, l'organisation était à ce point bien comprise qu'il arriva souvent au médecin de la Légion d'honneur de venir s'approvisionner et de venir réclamer des services à la rue Fontaine.

Enfin, l'ambulance eut à agir plus vigoureusement. L'invasion se poursuivait. Les Allemands approchaient de Paris. Le 15 septembre, le gouverneur de Paris télégraphiait vers cinq heures du soir, à tous les forts couvrant la ville, ces quelques mots troublants dans leur laconisme : « *L'ennemi est en vue* ». Des uhlans, en groupes généralement peu nombreux, étaient signalés à Juvisy, à Claye et dans la forêt de Sénart. Le 17, ils étaient à Bondy, au Raincy, à Avron. Un engagement avait eu lieu ce jour-là, le général Vinoy s'étant porté jusqu'à Créteil. Mais l'investissement se resserrait. Les ponts étaient coupés et le dimanche 18 septembre, à trois heures de l'après-midi, Paris était isolé du reste de la France.

Le lendemain, à la tombée du jour, la ligne des envahisseurs s'était encore fortifiée. Ils étaient maitres de Villejuif, de Chatillon, de Clamart, de Meudon. Un combat était livré en même temps au nord, à Pierrefitte, dont l'importance, quelque grande qu'elle fût, disparaissait devant le malheur irréparable qu'était pour les Français la prise de Chatillon, seule porte qui restait ouverte contre l'encerclement. Pourtant, à l'issue de ce combat qui devait se rééditer cinq jours plus tard, le 24 septembre, les agents dévoués de la Société de Secours aux Blessés eurent à intervenir. Avec le concours d'une ambulance volante, ils se rendirent sur le lieu de la lutte et furent assez heureux pour pouvoir ramener à Saint-Denis, où ils reçurent les premiers soins, 40 blessés le 19 septembre, et 80 le 24. Un fait doublait les difficultés de leur mission aux amis des blessés dans cette dernière sortie, fait qui devait se reproduire dans la suite. Ces combats n'étaient pas définitifs, ils ne donnaient point de résultat. Les positions occupées un instant se trouvaient bientôt abandonnées. Il fallait alors que M. Salle allât demander au commandant supérieur la remise entre ses mains des blessés et des morts. C'est ce qui eut lieu le 24 septembre aux avant-postes de Pierrefitte et le 26 septembre au même endroit, à 8 heures du matin et à 4 heures du soir. Il ne suffisait pas d'ailleurs d'aller faire ces difficiles démarches. Il y avait à s'occuper des morts dont les vigilants ambulanciers prirent toujours le plus grand soin, les traitant avec les égards dus à des braves, morts pour leur patrie. Après Pierrefitte, ils furent ainsi rendre les derniers devoirs, sur le lieu même du combat, là où la mort était venue les surprendre, à quatre malheureux petits soldats de la ligne et à un sous-officier prussien; ils allèrent même jusqu'à Villetaneuse où ils agirent avec le même soin pieux pour deux autres soldats de la ligne. On se représente ce que furent ces premières sorties de nos charitables héros. On se rend compte de l'émotion poignante que fut la leur, en ces premières rencontres avec les horreurs de la guerre, qui soumettent aux yeux des tableaux si douloureux que l'âme en conserve toujours le souvenir.

Cette affaire de Pierrefitte n'était pourtant qu'un modeste début. Pendant un mois le siège se poursuivit dans un calme relatif pour les ambulanciers. Ils suivaient avec une inquiétude certes très grande, et très compréhensible aussi, toutes les phases de cet investissement qui menaçait de s'éterniser. Ce n'est pas que pendant ce temps ils soient restés inactifs. Les autorités militaires avaient proposé au Comité dyonisien de lui confier des blessés et des malades contre une rétribution journalière de un franc ou même un franc cinquante. Il ne pouvait accepter un argent dont il n'aurait su que faire dans une ville où l'on ne pouvait plus rien trouver. Il accepta pourtant de se charger des malheureuses victimes en demandant simplement à l'armée de donner des vivres, de quoi nourrir ces soldats : « Soit, fut-il répondu ! » Et les autorités accordèrent autant de rations complètes, tabac et eau-de-vie compris, qu'ils envoyaient d'hommes.

Les choses en étaient là, mais les assaillants autant que les assiégés commençaient à perdre patience. L'inaction pesait d'autant plus aux forces établies au nord et à l'est de la capitale qu'au sud on se défendait plus vigoureusement d'attaques plus pressantes. Les reconnaissances assuraient que les Prussiens travaillaient activement à la batterie d'Orgemont, entre les hauteurs et la vallée du Could, qu'ils augmentaient d'un épaulement pour leur artillerie, épaulement destiné aux pièces dirigées contre Epinay et Saint-Denis. Aussi, le 15 octobre, Romainville, Noisy et Rosny canonnaient les ennemis. Les éclaireurs de la Seine sortirent même de Bondy et chassèrent les Prussiens qui se retirèrent en emportant leurs blessés. Le 21 octobre, l'armée de Saint-Denis tenta une sortie dans la plaine de Gennevilliers. Les ambulanciers furent une fois de plus de la partie, prêts à intervenir en cas de besoin ; fort heureusement, ils furent inutiles ce jour-là. Il devait en être autrement au Bourget.

LE BOURGET

Le temps était mauvais, brumeux et sombre. C'est par cette froide et triste journée d'automne que commença, le vendredi 28 octobre au matin, cette affaire du Bourget où nos troupes devaient se couvrir de gloire.

Dès quatre heures du matin, la fusillade se faisait entendre du côté de Saint-Denis. C'étaient trois cents francs-tireurs de la Presse qui, sous la conduite du général de Bellemare, tentaient un hardi coup de main. Les Prussiens s'attendaient d'autant moins à ce réveil qu'ils étaient établis depuis six semaines déjà dans cette localité. Il leur fallut se retirer devant l'énergie de l'attaque. Ils furent refoulés au delà du Pont-Iblon. Ils voulurent bien tenter un retour offensif mais des renforts étaient arrivés à nos francs-tireurs avec deux pièces de quatre et une mitrailleuse. Il ne fallait pas songer à résister aux forces françaises. Les Prussiens le comprirent et, malgré un nouvel essai de retour vers sept heures du soir, ils battirent en retraite abandonnant sur place quelques hommes tués. Toute la nuit suivante se passa pour nos troupes harassées par une journée si chargée, à compléter la défense de la position. La garnison eut ensuite la satisfaction, au matin, de se voir renforcée par un bataillon de voltigeurs et de l'artillerie. C'était heureux. L'artillerie ennemie commença, en effet, dès la première heure du samedi à canonner nos troupes. Pendant huit heures consécutives, le feu ne se ralentit pas et on a estimé à plus de 1.800 le nombre des projectiles dirigés sur Le Bourget au cours de cette journée.

Le commandant Baroche se cramponnait à cette position qu'il savait de la première importance pour les Prussiens. Aussi se dépensait-il sans compter, toujours au premier rang, donnant l'exemple du plus stoïque courage, de la plus fière audace. En pleine nuit, les ennemis voulurent livrer un nouvel assaut. Mais les projecteurs électriques des forts dévoilèrent cette manœuvre et les Français la repoussèrent encore. Cette situation ne pouvait pourtant s'éterniser et le samedi matin, on s'aperçut que tandis que les forces massées au delà du Pont-Iblon n'avaient pas bougé d'un pas, des troupes nombreuses arrivaient de Dugny et d'autres de Drancy. Leur front s'étendait jusqu'à la forêt de Bondy. Trente pièces de canon étaient échelonnées vers Pont-Iblon. Vingt mille Prussiens s'appuyaient sur elles. Enfin à huit heures, l'ennemi commença un feu nourri. La résistance apparut bientôt impossible et inutile. Malgré Rosny et Noisy qui, canonnant Bondy, empêchaient les renforts allemands d'avancer, vers neuf heures, nos troupes commencèrent à se replier et les ennemis reprirent le village. A dix heures, l'effort cessa de se porter sur Le Bourget qui ne pouvait plus tenir. Il se dirigea sur Drancy où la défense était sérieusement organisée. Le vice-amiral de la Roncière-Le Noury dit même : « On y est fortement barricadé et crénelé, le capitaine Salmon qui y commande est très solide, mais de toutes manières on ne le laissera pas passer la nuit dans le village, où les grandes masses ennemies qui sont en vue pourraient l'enlever ». Le vice-amiral avait vu juste. De nouvelles troupes venaient de s'établir en avant de Gonesse. Notre artillerie était insuffisante. Avant la nuit l'ordre fut donné aux troupes de se replier sur Bobigny. Le capitaine de frégate Salmon sortit le dernier. Nos soldats avaient défendu Le Bourget dans des conditions d'infériorité qui doublaient la béauté de leur vaillance, de leur héroïsme...

Tant que dura cette affaire, depuis la première heure du combat, M. Salle et ses collègues de Saint-Denis se tinrent dans le village où ils s'étaient installés, sans souci du danger qu'ils y couraient. Ils étaient là se prodiguant sur le front de nos troupes, recueillant les blessés, éloignant les morts, crânement insouciants du péril auquel ils s'exposaient. Et les blessés affluaient, on le comp endra, après que nous avons, si succinctement pourtant, rapporté l'énergie déployée pour reprendre Le Bourget et l'intrépidité à s'y défendre alors qu'on était un contre sept.

On se rend aisément compte de ce qu'était, en de pareilles circonstances, le spectacle douloureux qui frappait à chaque pas les yeux des ambulanciers. Pendant trois longues journées, ils vécurent avec la perpétuelle vision de ces horribles spectacles, de pauvres petits soldats, des enfants, qu'un obus impitoyable venait frapper. Et ces drames lugubres, mais beaux malgré tout, se répétaient à chaque instant dans l'atmosphère froide et pluvieuse de ces trois journées sanglantes où le dévouement des ambulanciers fut au-dessus de tout éloge. Ils en étaient arrivés à s'admirer les uns les autres, chacun ne voyant plus, dans la simplicité de son zèle, que la sublimité des qualités déployées par les voisins. Nous en avons un témoignage touchant dans le petit ouvrage de M. Ozou de Verrie, *Les trois journées du Bourget*, où l'auteur s'exprime en ces termes :

Je n'ai pu apprécier le nombre des morts ou blessés dans la partie basse du Bourget ; ils étaient enlevés par les soins et le dévouement de M. Salle, chef d'ambulance à Saint-Denis, qui rivalisait de zèle avec les membres des autres ambulances. Le

Docteur Gontier, Camille Toussaint et moi, nous avons remis
aux uns et aux autres, après quatre heures du soir, les blessés
du centre et du haut du Bourget ; ils furent emmenés à Saint-
Denis et à Paris, après avoir reçu les premiers pansements.

Bien d'autres témoignages pourraient être invoqués en
faveur du Comité sectionnaire de Saint-Denis dont les
membres, après la perte du Bourget, après la prise de
l'église dans laquelle nos dernières troupes avaient tenu
jusqu'au bout, s'ingénièrent à obtenir des vainqueurs les
blessés dont l'état réclamait des soins de tous les instants.
C'est ainsi et c'est à ce haut fait que M. Ozou de Verrie
fait ici allusion sans doute, c'est ainsi que M. Salle put ramener vingt-deux blessés à Saint-Denis après avoir par
trois fois fait des démarches aux avant-postes du Bourget.
Ce fut d'abord le dimanche soir. alors qu'un silence de
mort planait sur la ville, quelques heures plus tôt si bruyante
encore, livrée au terrible ouragan des obus et des balles.
De quatre heures à sept heures du soir, M. Salle fut aux
avant-postes, alors qu'il savait quelle impatience régnait
à son foyer. Mais le devoir était là. Le lendemain du reste,
en cette triste Toussaint, on revit M. Salle pressant et per-
suasif, réclamant les blessés au nom de la pitié due à ceux
qui souffrent, à ceux qui ont fait leur devoir, aux héros
modestes tombés face à l'ennemi. On l'y revit à sept heures
du matin. on l'y revit à quatre heures du soir, remplissant
avec autant de modestie que de courage la belle et noble
mission dont il s'était généreusement chargé.

On ne peut clore ce chapitre sans appeler, après celui
de M. Ozou de Verrie. un témoignage bien digne de retenir
l'attention. Nous le trouvons dans un ouvrage : *Souvenirs
du Fort de l'Est. près Saint-Denis.* Cet ouvrage porte ces
indications en sous titre et elles dispensent de tout commen-

taire : CARNET D'UN AUMONIER DE L'ARMÉE DE PARIS,
1870-1871, par l'abbé Jules Bonhomme, *vicaire à Sainte-
Elisabeth*. A la page 85, l'auteur a raconté les premières
heures de la terrible journée du 30 octobre au Bourget et
il continue :

Le premier moment est pénible. Un certain nombre de francs-
tireurs, de mobiles des 12 et 14e bataillons, sont frappés; un
beaucoup plus grand nombre est fait prisonnier....

...Les voitures d'ambulance étaient parties de l'Intendance à
la suite du général (de Bellemarre). En les voyant passer, je
monte au hasard et arrive ainsi à la Courneuve. On met pied
à terre. La fusillade retentissait sur la route au delà, on ne pouvait
y engager les attelages. A l'instant même j'eus de la besogne.
C'était mon début, à vrai dire, dans les fonctions d'aumônier à la
bataille. A peine si j'avais déjà vu des blessés ramenés du combat de Pierrefitte ou installés dans les salles de la Légion d'honneur à Saint-Denis. Je m'efforçai de garder tout mon calme.

L'auteur montre ensuite le combat, les soldats « pâles,
exténués, silencieux », ou au contraire « animés par la
colère, poussant des cris. » Il va sur le champ de bataille
et il raconte ce qu'il y voit !

...Le général suivait ses petits canons de 4 et sa mitrailleuse.
Il s'arrêta soucieux. Quelques balles ennemies passaient sur
nos têtes en sifflant et les Prussiens apparaissaient à distance
sur la voie ferrée. Un de nos hommes ayant laissé flotter le drapeau à la croix rouge, le général me cria de le faire replier et me
dépêcha un aide de camp pour me dire que, sur ce point, le combat durant encore, il était contraire aux conventions de réclamer ainsi une immunité que nous n'accordions pas nous-mêmes.
Je m'approchai du groupe de l'Etat-Major et je remarquai le
colonel Henrion qui exprimait la plus vive inquiétude sur le sort
de son fils. « Il est parti, disait-il, pour porter un ordre et il ne
revient pas ! » Et de ses yeux tournés vers le Bourget roulaient

deux grosses larmes. « Votre fils est jeune et intelligent, lui répondit le général de Bellemarre, il saura se tirer d'affaire. » Puis, se penchant vers M. Salle qui nous rejoignait : « Faites tous vos efforts, ajouta-t-il tout bas, pour ravoir le corps de ce jeune homme. » Nous apprimes, en effet, qu'en entrant au Bourget, le pauvre officier d'ordonnance venait de recevoir une balle en pleine poitrine. L'épreuve était d'autant plus dure pour le père, qu'il avait eu un autre fils tué dans la première partie de la campagne.

L'ordre du général de Bellemare avait été entendu par M. Salle qui se trouvait, on le voit ici, vraiment exposé, mais tout à la charge qu'il avait assumée, à l'image du Bon Samaritain, semeur d'espérance, de réconfort, de consolation et honoré de la confiance si bien méritée des chefs de l'armée.

Le directeur de l'ambulance de la rue Fontaine se mit en campagne pour retrouver le corps du jeune officier. Après la signature de la paix, le colonel Henrion, devenu général, était gouverneur de Saint-Cyr. Quand il apprit, par un soldat prussien soigné au Val de Grâce, que le corps de son fils était enterré dans une maison du Bourget il fit part de cette nouvelle à M. Salle qui fréta aussitôt une voiture dans laquelle il emmenait, à côté d'un cercueil et d'un suaire, le général et la malheureuse mère de la jeune victime, le jardinier et le cocher de M. Salle suivaient. Il avait en outre demandé à M. le curé de Saint-Denis de vouloir bien se trouver prêt à réciter les dernières prières sur le corps avant qu'il ne fût descendu en terre dans le cimetière de Saint-Denis.

On partit. Arrivé au Bourget, le cortège se dirigea vers la maison indiquée par le blessé et l'on apprit par les soldats prussiens qui l'encombraient que le récit était exact et que le fils du général Henrion reposait là. On creusa la terre et bientôt, les fossoyeurs improvisés — le jardinier et le cocher aidés de soldats, — découvrirent le corps sur lequel Mme Henrion se jeta en exhalant les plaintes de son infinie douleur. Tous les assistants pleuraient avec la mère endeuillée. Enfin, on fit comprendre à la générale que l'heure de la séparation était venue et, tandis qu'elle sanglotait à deux pas, le corps était disposé dans le blanc linceul au fond de la bière que l'on chargea sur la voiture. On vit alors les soldats prussiens s'agenouiller derrière la mère de la victime de leurs armes et, prenant le bas de son châle de deuil, le baiser respectueusement et l'arroser de leurs larmes. Le triste cortège s'éloigna.

A l'entrée de Saint-Denis, pourtant, un corps bavarois s'interpose : « On ne passe pas ! »

M. Salle intervint et ayant appris des soldats le nom du colonel ennemi : « Je le connais, dit-il, faites-lui savoir qui je suis en lui annonçant que je ramène à Saint-Denis le corps du fils du général Henrion ! » L'officier informé mit pied à terre. Il vint saluer la famille Henrion et M. Salle, puis il fit placer ses troupes de chaque côté de la route en leur ordonnant de présenter les armes, cependant que les tambours battaient et que les clairons sonnaient, rendant les honneurs à un héros modeste du devoir.

Plus tard, après avoir été exhumé du cimetière de Saint-Denis, le fils du général Henrion fut définitivement inhumé à Saint-Cyr où il repose toujours.

ÉPINAY

Si le mois d'octobre se terminait sur la sanglante affaire du Bourget, le mois de novembre ne devait pas être moins funeste aux Français dont les épreuves se multipliaient de jour en jour. Tandis que le gouvernement militaire encourageait la fondation d'ambulances et réclamait des lits, la maladie venait menacer les habitants. La petite vérole noire sévissait plus que jamais et des malades étaient dirigés sur toutes les ambulances de la ville, notamment sur celle de la Compassion qui était réservée aux malades et chez M. Vigoureux. C'est surtout ici que les ambulanciers eurent à se prodiguer. Vingt varioleux étaient soignés dans cette ambulance, située au nº 3 de la rue des Poissonniers, et où M. de Plument, de l'Ile Saint-Denis, et Mme Lebel se prodiguaient avec le Dr Charles, de Saint-Denis, et trois infirmiers et infirmières. L'ambulance de M. Vigoureux était d'ailleurs l'une des mieux installées de la ville. On ne peut rapporter tous les détails de cette belle campagne des héros civils disputant les malades au terrible mal. Il serait pourtant intéressant de rappeler la mort d'un pauvre vieux marin que Mme Salle était occupée à soigner et qui rendit le dernier soupir dans ses bras, tandis que son chef, le commandant Lamothe-Tenet, tombait à genoux en pleurant la fin de cet homme que les balles avaient épargné au plus fort des combats et qui s'éteignait là dans un lit, sous le regard d'une femme charitable, lui qui eût pu mourir au milieu des bruits d'une bataille...

Nous n'insisterons pas, car de plus graves événements allaient se produire incessamment.

Depuis que le vice-amiral de La Roncière-Le Noury avait pris son service à Saint-Denis, le 12 novembre, on s'attendait à un sérieux engagement. Les Prussiens redoublaient d'activité dans l'établissement d'ouvrages qui, de la butte d'Orgemont, devaient leur permettre de réduire Saint-Denis. Du côté des Français, on ne se dépensait pas moins. Il apparut, vers la fin du mois, que l'objectif des opérations pour la défense de Paris était de s'emparer du village d'Epinay, qui se trouvait sous le feu des batteries d'Orgemont, de Deuil et de la Butte-Pinçon. L'attaque devait être conduite par le colonel Henrion avec des troupes sorties de Saint-Denis et qui se placeraient en avant du fort de la Briche. En même temps, une diversion devait être opérée du côté d'Aubervilliers. C'était pour les ambulanciers de la rue Fontaine des occasions de sorties qui ne manquaient pas d'être aussi nécessaires que périlleuses. C'est ainsi que le 29 novembre et le 30, ils furent à Aubervilliers et à la Courneuve, à deux reprises. Et rien n'était pénible comme ces voyages dans une nuit froide, embrumée, sombre, derrière des voitures de blanchisseurs converties en ambulances et qu'il était interdit d'éclairer. A tout instant des bombes et des obus passaient en sifflant au-dessus des têtes des itinérants nocturnes, leur apportant le salut de la garnison du fort de l'Est. Mais les sorties n'aboutissaient point et elles furent contremandées avant d'avoir reçu un commencement d'exécution. Tout l'effort du vice-amiral La Roncière-Le Nourry se porta sur Epinay. Nos soldats l'occupèrent sans coup férir, grâce à l'appoint d'une batterie flottante établie sur la Seine, mais ils l'abandonnèrent aussitôt, ainsi qu'il avait été prévu ;

on savait que les Prussiens n'avaient là aucune force et que les épaulements d'Orgemont et de la Butte-Pinçon étaient des travaux sans grande importance. Pourtant le combat d'Epinay avait été sanglant. Le colonel Henrion qui dirigeait l'attaque avait dû subir avec sang-froid un combat de rues. Chaque maison devenait une citadelle semant la mort dans les rangs français où le bilan était le suivant, quand l'ordre de la retraite fut donné : 36 tués, dont 3 officiers, et 237 blessés, dont 19 officiers. Parmi eux se trouvait le commandant Saillard qui fut, avec trois blessés, transporté à la Légion d'honneur. Il fit alors valoir sa qualité de diplomate pour être conduit à l'ambulance des Affaires étrangères. Ce fut en vain que les médecins et les ambulanciers voulurent le retenir. Il n'en démordit point. Ce fut pour lui la mort. Il ne survécut que quelques jours.

Au retour de nos troupes, toute la population de Saint-Denis se trouvait sur la route par où nos soldats victorieux rentraient et elle ne ménageait pas ses applaudissements enthousiastes, ses vivats délirants à nos vaillantes unités, au colonel Henrion et au vice-amiral.

Mais comme toujours, à l'issue du combat, le bataillon d'élite de la charité avait à intervenir. Il restait des morts, là-bas, il restait des blessés. Il fallait enterrer les uns, relever les autres. On se mit à l'œuvre. Dès que les Français se furent retirés à cinq heures du soir, M. Salle, accompagné de M. Lefébure et de quelques amis dévoués, parcoururent le champ de bataille. A un certain moment, tandis qu'ils étaient occupés autour d'un mobile blessé que M. Salle pansait après avoir coupé sa propre chemise et sacrifié ses bretelles pour en faire de solides ligatures, un soldat prussien s'approchant, frappait M. Salle d'un coup de crosse de fusil, accompagnant son geste d'un mot injurieux.

Le sang de M. Salle ne fit qu'un tour et le sujet du roi de Prusse n'eut pas le temps de se reconnaître qu'il avait reçu une maîtresse gifle. Grand brouhaha chez les Prussiens, on le conçoit. Mais un officier a vu le geste et il s'avance. Il fait saisir le soldat par ses hommes et il félicite M. Salle de la correction qu'il a infligée à son subordonné qu'il se propose de faire fusiller.

« N'en faites rien, intervint fort judicieusement l'ambulancier. Cet homme a un souvenir de moi, qu'il le conserve, il est bien assez puni comme cela. » Il s'apprêtait alors à se retirer avec ses blessés ; l'officier s'y refusa tout d'abord.

— Non, non, dit-il, un homme qui donne aujourd'hui de pareilles gifles sera demain à la tête d'un corps de troupe !...

M. Salle fit alors la preuve du contraire en montrant qu'il avait rendu son fusil de garde national pour se dépenser et se dévouer plus efficacement par des secours aux blessés.

Au bout d'une heure, il était rendu à la liberté et il se remettait en route vers Saint-Denis où il était impatiemment attendu par les siens et par ses amis qui furent prévenus de son arrivée par les hennissements du cheval que M. Salle conduisait et qui regagnait l'écurie avec plaisir. Pourtant le président du Comité sectionnaire conservait des craintes. Il avait peur d'avoir mal exploré encore un coin du champ de bataille. Il s'en fut aussitôt s'en ouvrir au vice-amiral La Roncière qui lui demanda d'abord de vouloir bien lui faire par écrit, un rapport sur tout ce qui s'était passé. Après s'être restauré quelque peu, M. Salle établit le rapport détaillé qui lui avait été demandé et il revint près de l'amiral, lui rappelant ses scrupules et demandant quelqu'un pour l'accompagner à Epinay. Il se fit si pressant que le commandant des forces militaires de Saint-Denis lui donna satisfaction, ainsi qu'il l'établit lui-même dans son ouvrage : *La Marine au siège de Paris.*

Pendant la nuit, sur les instances de M. Salle, président de la Société de Secours aux Blessés de Saint-Denis, le Vice-Amiral envoie un de ses aides de camp, le lieutenant de vaisseau Buge, en parlementaire vers Epinay. Cet officier va, avec M. Salle, traiter de la remise des blessés et de l'enterrement des morts. Il accomplit heureusement sa mission.

Le lieutenant Buge et son compagnon étaient partis à neuf heures du soir, dans la nuit froide, glaciale même, et c'est dans ce sombre décor que fut traitée la remise des blessés et des morts et que M. Salle poursuivit son exploration de tous les endroits fréquentés par des troupes au cours du combat. Enfin, à cinq heures du matin, il avait le plaisir d'apprendre que les négociations avaient abouti ; il était avisé que les cadavres des Français, morts au cours du combat de la veille, lui seraient remis aux avant-postes prussiens. Il eut le bonheur de retrouver encore dans cette journée le corps d'un officier que des soldats voulaient dépouiller. Posant sa main sur le mort, M. Salle le fit transporter par ses hommes sur la voiture où s'entassaient les cadavres. Il sauva de la sorte une somme de 800 à 900 francs dont l'officier était porteur et il fit remettre aux siens les lettres et les souvenirs que le capitaine avait dans les poches.

Vers huit heures du matin, M. Salle se trouvait au rendez-vous qui lui avait été fixé, aux avant-postes, et il inhumait au pied d'une croix qui se trouve sur le bord de la route de Saint-Denis à Epinay, les trente-six corps que lui avaient été confiés et sur lesquels M. le curé de Saint-Denis avait bien voulu venir jeter l'eau bénite en récitant les dernières prières.

Aucun endroit ne pouvait être mieux approprié pour l'enterrement des nobles victimes. Elles reposent là, près de l'endroit où elles sont tombées, sur la route qu'elles avaient voulu barrer à l'envahisseur, sous le regard du Christ qui console et qui absout. Chaque année un pèlerinage patriotique a lieu à cette tombe où des mains chrétiennes et françaises ont enseveli les modestes héros d'Epinay-sur-Seine.

DEUXIÈME COMBAT DU BOURGET

Le réseau de l'investissement se resserrait de jour en jour semant partout la tristesse, les ruines, la peur, la mort. C'était l'invasion dans toute son horreur et d'autant plus pénible que nous étions écrasés sous le nombre et que des apparences de succès se tournaient bientôt, toujours, en de désespérantes défaites.

A partir du 13 décembre, Saint-Denis paraît devenir la base des opérations. Le 17 un approvisionnement de 400 kilos de dynamite arrive dans la ville et cela ne va point sans être révélateur de ce qui doit se passer bientôt. Un effort va encore être tenté de ce côté, pour rompre les lignes assiégeantes. Il se prépare entre Saint-Denis et la Marne et bientôt on apprend que le gouverneur a établi son quartier général à Aubervilliers.

Tandis que l'on se bat à Stains, le combat du Bourget commence vers sept heures du matin par une canonnade très vive de la part de tous les forts qui pendant trente minutes ne se taisent pas une seconde. Le corps d'armée de Saint-Denis est divisé en trois colonnes sous les ordres des généraux Lavoignet, Henrion et du capitaine de frégate Lamothe-Tenet. Il s'agit pour l'artillerie de battre le village à droite jusqu'au moment où les Français y entreront puis la route de Lille, entre le Bourget et Pont-Iblon, pour empêcher l'arrivée des renforts prussiens. 72.000 cartouches sont à la disposition de nos troupes à la Croix-de-Flandre et à la Courneuve. Chaque homme emporte pour deux jours de vivres et quatre-vingt-dix cartouches. Ce combat

doit être décisif, aussi n'a-t-on rien ménagé pour en assurer
le succès.

Hélas ! les fusilliers-marins et le 138ᵉ de ligne pénètrent,
comme il leur était ordonné dans le village, ils occupent le
cimetière où le capitaine Lamothe-Tenet fait des prodiges.
Peu à peu on avance. Le Bourget est attaqué de tous les
côtés à la fois, mais des renforts nombreux arrivent aux
ennemis. Leur artillerie, de Pont-Iblon, Dugny et Garges,
canonne vigoureusement la partie du village que nous avons
reprise. Pendant deux longues heures on tient ferme, attendant la brigade Lavoignet. Mais elle est tenue en respect et
ne peut avancer. Nous dirigeons alors contre l'ennemi le feu
d'une batterie, mais ceux des obus qui dépassent le mur
abritant les Prussiens vont tomber dans nos lignes. La situation est intenable. A onze heures, la retraite commence.
Les ennemis reçoivent à chaque instant de nouveaux renforts. Le général Ducrot qui se tient à Drancy est alors informé de l'échec de la tentative et vers trois heures, toutes
les troupes ont repris leurs cantonnements. Ainsi se terminait ce combat dont le résultat était si impatiemment
attendu.

Les ambulances du Comité sectionnaire de Saint-Denis
de la Société de Secours aux Blessés n'avaient pas cru devoir se diriger dès le matin sur le Bourget où elles ne devaient avoir que faire. On attendait beaucoup de cette
attaque audacieuse qui pouvait durer longtemps mais les
ambulanciers ne pouvaient intervenir qu'à la fin du combat. Il était donc inutile pour eux de quitter Saint-Denis
tant que continuait la canonnade. Quelques hommes
avaient été envoyés du côté de Stains d'où une soixantaine
de blessés avaient été ramenés.

Cependant que les autres, en prévision du nombre très grand de blessés qu'on s'attendait à recueillir du côté du Bourget, s'empressaient de disposer en hâte tous les locaux disponibles, s'occupant notamment de la transformation en ambulance de la gare de la station du chemin de fer de Saint-Denis. Cette installation de fortune ne laissait pourtant rien à désirer et l'on eût bientôt à y déposer des blessés qui attendirent là leur transfert à Paris par des wagons de la Compagnie du Nord qui n'arrivèrent à Saint-Denis que vers deux heures du soir. Une dizaine de ces malheureuses victimes, plus gravement atteintes et qui ne pouvaient se mouvoir, étaient disposées sur des matelas alignés dans les salles d'attente ; les autres, au nombre d'une centaine, se reposaient sur des sièges confectionnés à la hâte. Le spectacle était navrant de ces blessés dont les figures exprimaient d'indicibles souffrances. Pourtant, vers midi, un rayon de joie vint les éclairer; tandis que les ambulanciers se dépensaient sans compter à leur service, des dames sous la direction de Mme Salle s'étaient mises à l'œuvre et elles pouvaient apporter aux petits soldats du bouillon, de la viande froide et du café qui furent les bienvenus, on le conçoit. Enfin le train arriva. Avec précaution on plaça dans les wagons, avec leurs matelas, les plus grièvement blessés et lorsque ce fut fait, les plus valides furent à leur tour hissés dans les voitures et le train emportant ces infortunes partit lentement vers Paris.

Pendant que ceci se passait à Saint-Denis, MM. de Plument, Brosser, avec une quinzaine de leurs amis s'étaient empressés de gagner le Bourget où leurs services furent particulièrement appréciés. Les pertes étaient en effet énormes. La marine à elle seule perdait 8 officiers et 254 hommes, sur 15 officiers et 689 hommes. C'est assez dire avec quel courage, quelle énergie ces troupes tinrent devant le feu en cette triste journée.

Les ambulances avaient beaucoup à faire, dans ces conditions; celles de la Presse et de Saint-Denis rivalisaient de zèle ; nous ne pouvons taire non plus la part prise à cette journée par d'autres ambulanciers qui survinrent bientôt sur le champ de bataille d'où partaient à tout instant des voitures de blessés dirigées sur Saint-Denis où les services du Comité sectionnaire étaient heureusement mis à profit. Ces auxiliaires du service de charité étaient des frères de la Doctrine Chrétienne. Il y avait un réel péril pourtant à rester sur ce champ de bataille où, en dépit du drapeau de Genève, les Prussiens faisaient feu à tout instant. Un frère s'était à un moment approché d'une barricade ennemie quand une balle frappa le jeune religieux à robe noire.

C'était le frère Néthelme, de la maison de Saint-Nicolas à Issy. Il fut d'abord ramené à la Suiferie d'où on le transporta à la Légion d'honneur. M. Salle vint l'y trouver bientôt et il eut la pénible mission de lui annoncer qu'il fallait se préparer à partir pour le ciel. Le frère Néthelme, l'écouta et il n'eut alors qu'une révolte, tandis qu'il disait sa reconnaissance à son interlocuteur et son espoir en Dieu. Il ne voulait pas mourir là, à Saint-Denis, dans une ambulance. Il voulait qu'on le transportât à Issy. « C'est dans son école qu'un frère doit mourir! » répétait-il. Pour lui donner une dernière satisfaction, on le transporta dans l'école des Frères de Saint-Denis où il mourut le lendemain, édifiant tous ses amis par la sainteté de sa fin. Toute la nuit se passa encore à recueillir les blessés et le lendemain à l'heure où Fr. Néthelme rendait le dernier soupir, les membres du Comité sectionnaire de Saint-Denis procédaient, par ordre du commandement supérieur, à l'inhumation des nombreux corps qui avaient été déposés la veille, à l'issue du combat, dans le cimetière de la Courneuve.

Les jours suivants des pourparlers furent commencés au sujet de nos morts qui avaient été tués à l'intérieur du Bourget. Engagés par les ambulances de la Presse et les services du Général Ducrot, ils échouèrent, et le vice-Amiral de La Roncière-Le Noury rapporte en ces termes cet incident : (1)

27 Décembre. — Il neige, la vue est entièrement bornée.

Le général Ducrot, qui est à Aubervilliers, informe le Vice-Amiral commandant le corps d'armée de Saint-Denis que l'ennemi a refusé l'armistice qu'on lui a demandée pour enterrer les morts de l'affaire du Bourget qui gisent encore près du village, M. de la Grangerie, des ambulances de la Presse, s'est avancé en vain dans ce but jusqu'aux avant-postes.

Le Général Trochu ayant été consulté deux jours plus tard par le Vice-Amiral, donnait l'ordre de déléguer au Bourget M. Salle, avec qui les Prussiens consentaient à traiter et à discuter, disant le tenir — il l'avait surabondamment prouvé — pour un homme d'honneur. Aussi à la date du 29 décembre, le Vice-Amiral écrit : (2)

Les ambulances de la Presse avaient fait le 27 et le 28 des démarches infructueuses au Bourget pour se faire délivrer les corps de nos hommes tués à l'attaque du 21. Chacun de ces jours, une suspension d'armes avait été proposée dans ce but, mais le commandant prussien du Bourget avait opposé des fins de non-recevoir et notamment l'impossibilité où il était d'accepter cette suspension sans un ordre supérieur. Le Vice-Amiral s'adressa alors

(1) *La Marine au siège de Paris*, p. 263.
(2) *Ibid.* p. 271.

par parlementaire au Prince royal de Saxe, qui commandait l'armée devant Saint-Denis. Il fut convenu que l'enlèvement se ferait aujourd'hui 29, par l'intermédiaire de M. Salle, président du Comité de la Société internationale de Saint-Denis, assisté de M. de Plument de Bailhac, adjoint au maire de l'Ile-Saint-Denis. Dans plusieurs circonstances analogues, M. Salle avait déjà rendu de précieux services. Une suspension d'armes eut lieu de dix heures du matin à trois heures du soir. Vingt corps seulement purent être livrés, les autres avaient été enterrés. M. Salle acquit la certitude que les officiers et plusieurs hommes avaient été inhumés en des points déterminés avec des indications tumulaires. Les corps qui nous sont remis sont transportés à l'église de la Courneuve et reconnus par des hommes de différentes armes.

Dès que le Vice-Amiral eut annoncé à M. Salle de quelle haute mission il était investi par la confiance réciproque des chefs des deux armées, le président du Comité sectionnaire de Saint-Denis ne se jugeant pas qualifié suffisamment avait demandé un officier d'ordonnance pour l'accompagner ou une lettre l'accréditant. Mais tout était arrangé et le Vice-Amiral se contenta de lui faire part de l'ordre donné par le Général Trochu.

Il partit donc accompagnant trois voitures de blanchisseur qui franchirent les six kilomètres les séparant du Bourget aussi vite que le permettait le triste état des chemins. A l'heure fixée, M. Salle et ses aides arrivaient aux avant-postes prussiens. Conduit la tête enveloppée dans une pièce où l'attendaient les officiers, tandis que les voituriers et les soldats ennemis recueillaient les morts, le chef des ambulances dyonisiennes reçut un accueil des plus courtois.

Deux heures après, on repartait. Deux voitures emportaient les morts. Quant à la troisième, les ennemis n'avaient rien trouvé de mieux, que de la charger de choux et de pommes de terre dont ils regorgeaient et qui devaient être les bienvenus à Saint-Denis.

M. Salle avait le regret de ne pouvoir ramener des corps d'officiers dont il avait demandé la remise, mais les Prussiens n'avaient pas d'ordre pour ceux-là! On repartit; un prêtre qui avait été prévenu en hâte se trouvait dans l'église de la Courneuve où il récita les dernières prières sur les corps (1). Et les victimes furent portées dans une fosse que les membres de la Société de Secours aux Blessés avaient fait creuser en dehors du cimetière et contre le mur qui le clôturait, en face du village de Stains, dans un champ appartenant à un des bons amis de M. Salle qui n'en fut pas moins mécontent de ce sans-gêne. On lui fit comprendre que le meilleur moyen de réparation était de céder gracieusement à la commune une parcelle de ce terrain de façon à agrandir le cimetière. Le propriétaire y consentit, à la condition que la Croix centrale de la modeste nécropole se trouverait surmonter la tombe où reposaient les victimes de la guerre. Depuis lors, la grande croix du cimetière fut élevée à l'endroit où elle est encore. La cérémonie de la bénédiction eut lieu quelques années

---

(1) Les morts recueillis étaient les soldats : 1° Poulin. matricule 7111. du 138ᵉ, porteur de la médaille militaire. 2° Cornet. mat. 2239. du 71ᵉ, 2ᵉ Bat., 5ᵉ Comp., avait sur lui quatre lettres des siens. 3° Jean Combe. sergent du 138ᵉ. 4° Douet, mat. 2959, du 138ᵉ. 2ᵉ Bat., 3ᵉ Comp.. avait un couteau dans une poche. 5° Delaye, mat. 1918, du 138ᵉ. 6° X.. sergent du 138ᵉ. 7° Dumesne, mat. 1426, du 138ᵉ. 8° Saunier Charles, mat. 1042. du 138ᵉ, portait un scapulaire. 9° Albertini. mat. 1887. du 138ᵉ. 10° Lalanne, mat. 2696, caporal au 138ᵉ. 11° Pierre Vincent, mat. 1345. du 138ᵉ, soldat, avait une lettre dans sa capote. 12° Obry Philippe. mat. 1399, caporal au 138ᵉ. 13° Pellorce Lucien, mat. 3990ᵉ. du 138ᵉ. sergent-major. portait des notes d'achat de vivres. 14° Charpentier. lieutenant. 15° Roussint. 9113-5, marin. 16° L. Bourhis. 1188-4. marin. 17° Bazile. 2188-1, marin. 18° X., 2873-5, avait un mouchoir non marqué et deux dés. 19° Guillaume, 2136-2. 20° Morel, 9973-2, avait une montre en argent. Tous ces derniers étaient marins.

après la guerre, en la présence du Vice-Amiral de La Roncière-Le Noury. Seuls deux corps furent transportés au dehors : celui du lieutenant Charpentier, du 138e, fut ramené à Saint-Denis et celui du sergent Combe fut réclamé par sa famille, pour être inhumé dans un caveau de famille. Dix-huit serviteurs du pays, morts pour sa défense reposent donc là, dans ce cimetière de la Courneuve grâce au Comité sectionnaire de Saint-Denis de la Société de Secours aux Blessés.

LE BOMBARDEMENT

Les ambulanciers ne perdaient pas leur œuvre de vue en dépit des préparatifs qui se faisaient pour le bombardement prochain de la ville de Saint-Denis.

C'est ainsi que, tandis qu'à l'alentour le canon grondait, faisant rage, le 10 janvier M. Salle adressait à M. Le Camus, délégué du Comité central de la Société de Secours aux Blessés, un rapport dont nous avons eu déjà l'occasion de parler. Il y rapportait en que'ques mots les opérations auxquelles avait été mêlé le Comité de Saint-Denis. Nous y trouvons deux tableaux très éloquents sur lesquels nous avons le devoir de dire quelques mots. Il nous suffira d'ailleurs de les reproduire. C'est d'abord le « tableau des ambulances que nous avons pu établir à Saint-Denis », dit le rapport et il énumère :

Ambulance de la Ville, rue Fontaine, 55 lits, avec les docteurs Leroy des Barres, Andrieux, Charles et Donon, et comme directeurs, M. Girardin, Mme Salle et les sœurs de Saint-Vincent-de-Paul, aidés de trois infirmiers et trois infirmières. — Ambulance de la Compassion, place aux Gueldres, 50 lits, docteur Haguette, sous la direction de M. Dury, avec les sœurs de la Croix; 2 infirmiers et les domestiques de la maison. — Ambulance de la pension Peyrafitte, place aux Gueldres, 20 lits, sous la direction de M. Roubille, aidé des sœurs de la Croix. — Ambulance du Dépôt, place du Marché, 100 lits ; les docteurs Louvel et Andrieux y visitent, sous la direction de M. Renoult. de Mmes Gessard et Lambert, aidés des sœurs de Saint-Vincent-de-Paul, avec 4 infirmiers et 3 infirmières. — Ambulance de la Blanchisserie du Nord, 16, rue de la Charronnerie, avec 20 lits

sous la direction de M. Brosser et de Mme Marchand avec un
infirmier. — Ambulance de M. Coez, 31, rue du Port, avec 30
lits. Docteurs : Leroy des Barres et Andrieux, aidés de M. et
Mme Coez et des domestiques de la maison. — Ambulance
de M. Vigoureux, 3, rue des Poissonniers, 20 lits, docteur Charles, avec M. de Plument, Mme Lebel, un infirmier et une infir-
mière. — Ambulance de M. Petit-Didier, 44, rue du Port, avec
20 lits, Docteur Charles et M. Lebel, Mme Lefèvre et les domestiques de la maison. — Ambulance de M. Wolff, route d'Ornano,
15 lits, avec M. Wolff, des sœurs bretonnes et les domestiques
de la maison. — Ambulance des Ursulines, dirigée par Mme Tho-
mas, aidée des domestiques de la maison. — Ambulance Leroux,
rue Compoise, 15 lits. — Ambulance Picou, 123, rue de Paris,
10 lits. — Ambulance Bazin, cours Chavigny, 8 lits... Au total,
383 lits disponibles.

Le second tableau nous révèle des faits non moins in-
téressants et qui montrent bien l'activité dépensée à cette
date par les services à Saint-Denis de la Société de Secours
aux Blessés :

L'ambulance de la Compassion a été réservée aux malades,
écrit M. Salle, jusqu'au 31 décembre, elle avait reçu 40 malades,
il en restait 7 le 1er janvier. Celle de la rue Fontaine avait reçu
90 blessés et il en restait 14; celle de M. Coez en avait reçu 29
et il en restait 2; celle du Dépôt, 53, et il en restait 6 ; celle de
M. Vigoureux 17, et il n'en restait pas. On avait reçu, au 31
décembre, 229 personnes et il en restait 29 au 1er janvier.

Le chiffre était coquet et n'indiquait pas, on le conçoit,
le nombre des malheureux secourus par le Comité dont la
plupart étaient dirigés soit sur Paris, soit sur la Légion
d'honneur. Mais continuons à citer le rapport de M. Salle.
Après avoir rappelé ces magnifiques résultats, il continuait :

Les médecins de Saint-Denis, si occupés dans ce temps d'épidémies ont eu, dans nos ambulances, un service souvent trop chargé. Le pansement du matin leur demande plus de deux heures, et souvent ils ont renouvelé leurs visites dans la journée. M. le docteur Chenu (1) n'a pas ignoré cet embarras et il nous a adressé un jeune interne qui n'a pu rester qu'un seul jour à Saint-Denis, son état de santé l'ayant forcé à rentrer dans sa famille. Si nous devions un jour voir des malades dans toutes nos ambulances, nous ne manquerions pas de vous demander avec instance des aides pour nos médecins si dévoués, d'autant plus que dans les jours d'action, MM. les docteurs Charles et Carré ne peuvent rester en ville, ils doivent accompagner leurs bataillons de la Garde nationale.

M. le Curé et MM. les Vicaires de Saint-Denis n'ont pas manqué un seul jour de visiter les ambulances, tous les hommes que nous avons eu le malheur de perdre ont reçu les sacrements et, au moment de Noël, il y a eu à l'ambulance du dépôt de mendicité quinze communions, 32 à l'ambulance de la rue Fontaine, et sept au couvent de la Compassion.

Après ces constatations consolantes, l'auteur poursuivait l'exposé du mode de fonctionnement adopté et nous y trouverons, s'il est besoin un jour, tant de précieux enseignements que nous ne pouvons reculer devant la citation :

Dans chaque ambulance, un membre du Comité est le véritable directeur. Il règle le service, tient les livres, etc.. etc... Tous les jours, il donne au Comité les indications qui permettent de présenter à la sous-intendance l'état des blessés qui donne droit aux *bons de vivres* (2).

L'état de la caisse du Comité, continue M. Salle, n'a encore

(1) Médecin en chef de la Croix-Rouge.

(2) Nous avons vu par ailleurs à quoi répondaient ces bons, le Comité ayant repoussé tout secours pécuniaire.

rien de désespérant. Nous avons commencé notre année avec un déficit de huit cents francs.

Notre grande dépense est le paiement des infirmiers et des porteurs que nous devons toujours avoir à notre disposition. Trente-cinq voitures nous ont été offertes gratuitement pour le transport des blessés et nous avons eu souvent occasion de nous en servir, soit pour les sorties, soit pour les évacuations de nos malades sur Paris. Les Pompiers de la ville se sont proposés comme porteurs de brancards depuis le 1er décembre. Quarante d'entre eux nous ont accompagné au Bourget le 21 décembre où plusieurs ont été remarqués par leur courage.

Le président du Comité sectionnaire demandait en terminant à M. Le Camus de vouloir bien venir, comme il l'avait déjà fait, pour apporter ses conseils, puis après avoir évoqué un malentendu survenu avec la sous-intendance et que M. le Comte Serrurier avait fait cesser, M. Salle terminait en écrivant :

M. Ellissen (1) n'a pas manqué de reconnaître lui-même que le service du chemin de fer n'avait pas eu une organisation complète dans la journée du 21 décembre. En parcourant l'ambulance, M. le Docteur Mundy a su donner à chacun un encouragement. Quant à M. Delaplane, il nous a déclaré qu'il devait être considéré comme un membre du Comité de Saint-Denis et qu'en toutes occasions, nous devions réclamer son concours et lui assigner un poste.

C'est avec une vive reconnaissance que nous avons reçu de nombreux envois que le Comité Central a bien voulu nous faire à notre demande et nous vous prions d'adresser à ses membres tous nos remerciements.

Ce rapport précise admirablement tout ce que nous avons dit à cette heure sur le Comité sectionnaire de Saint-Denis

---

(1) Membre du Conseil de la Société de Secours aux Blessés.

de la Société de Secours aux Blessés et c'est à ce titre que nous l'avons cité à cette place, comme un résumé fidèle, comme un témoin impartial.

A l'heure où M. Salle adressait cette page au délégué du Comité central de la Société de Secours aux Blessés, le bombardement se poursuivait partout aux environs de Paris. Rosny et Nogent recevaient jusqu'à 358 obus en quelques heures, Paris même était atteint depuis cinq jours déjà. Ce n'était point un bombardement en règle certes; mais des projectiles étaient venus s'abattre dans le Jardin du Luxembourg, au Val-de-Grâce, sur Saint-Sulpice. A Saint-Denis, on s'occupait activement, sous la direction du grand architecte, M. Viollet-Leduc, des mesures de préservation des tombeaux de nos rois, dans la cathédrale. C'est que l'éventualité du bombardement ne pouvait plus ne pas être envisagée et le 11, tandis que La Courneuve était toujours le point de mire des batteries ennemies du Pont-Iblon, le Vice-Amiral publiait des conseils aux habitants pour le temps du bombardement de Saint-Denis.

Le 21 janvier enfin, l'événement attendu se produisit. A huit heures quarante-cinq du matin, le feu fut ouvert sur les fort de l'Est, de la Briche, de la Double-Couronne et sur Saint-Denis qui reçut des obus d'Epinay, d'Enghien, de Montmorency, de Villetaneuse, de la Butte-Pinçon, de Pierrefitte, de Stains, du Bourget; la ville était couverte par ces feux convergents qui se dirigeaient de préférence sur le quartier général établi à la sous-préfecture, sur la mairie, la basilique et l'église paroissiale. En plusieurs endroits des incendies s'allumaient. Les pompiers conduits par le capitaine Cravoisier se dépensaient admirablement; mais ils ne pouvaient pourtant être partout à la fois et ils

n'étaient pas toujours sûrs de pouvoir rester longtemps là
où ils avaient pu s'installer, car les obus pleuvaient partout
et on se rendra compte de l'intensité du bombardement
par le chiffre des projectiles envoyés sur Saint-Denis et
qui dépassait 25.000 de l'aveu même des Prussiens.

Dire toutes les scènes douloureuses qui se déroulèrent
alors serait impossible. Nous nous contenterons d'en narrer
rapidement quelques-unes.

Le bombardement était commencé depuis quelques
heures à peine. Au nº 36 du boulevard Giot habitait la famille Delval composée du père, de la mère, de quatre enfants dont trois fils et d'une fille qui n'avait jamais eu sa
raison. On se mettait à table, à l'heure de midi ; le père servait la soupe, la mère regardait, tenant son dernier né, un
charmant bébé, sur ses bras. Tout à coup une bombe entre
par le plafond et vient éclater sur la table, mettant tout en
miettes dans la salle, tuant le père et la mère, et blessant
le bambinet qui avait le haut des cuisses labouré par un
éclat d'obus ; la pauvre démente était indemne et elle riait
devant cet horrible tableau.

Le bruit de ce drame affreux se répandit bientôt dans la
ville et, en toute hâte, M. Salle et ses amis se rendirent au
boulevard Giot. Le président du Comité sectionnaire re-
cueillit le petit blessé qu'il porta dans ses bras jusqu'à l'ambulance de la rue Fontaine. Et le pauvre bébé pleurait
toujours, appelant sa mère dont il ne comprenait pas la fin
tragique. Enfin, il fut bientôt en lieu sûr. M. Salle en arri-
vant à la rue Fontaine s'était enquis en effet, près des religieuses, de deux typhiques qui étaient soignés à l'ambulance et se trouvaient en haut. Sa pensée était de les descendre, le bombardement faisant rage plus que jamais. La

Sœur était opposée à ce transfert ; mais l'ambulancier ne s'en soucia point davantage. Déposant le petit blessé sous la table de la cuisine, sur un matelas, il emmena un ami et ensemble ils descendirent les deux malades dans une salle du rez-de-chaussée.

Le deuxième patient venait à peine d'être installé quand un bruit terrifiant se fit entendre. Un obus venait de tomber dans la pièce où, deux minutes plus tôt, se trouvaient les typhiques et leurs sauveteurs, tordant les lits, trouant le parquet qui s'effondrait en partie dans la cuisine.

La religieuse voulait aller au secours des malades qu'elle supposait broyés, mais leur bienfaiteur attira la bonne sœur dans la pièce où ils reposaient. « Qui donc les a amenés là », dit-elle, tout en larmes! Et M. Salle de répondre : « Mais, ma Sœur, ce sont leurs bons anges ! »

Il n'en dit pas plus ; il se dirigeait en toute hâte vers la cuisine où reposait le petit Delval. Les platras encombraient la pièce ; mais sous la table qui l'avait préservé, l'enfant dormait d'un sommeil paisible. Il était sauvé, comme les typhiques.

Une voiture envoyée par le Père de Bengy et qui arrivait à cet instant fut employée de suite pour transporter à l'ambulance installée dans la Parfumerie Violet, à la Plaine, les typhiques, les quatre enfants sauvés de la famille Delval et les autres malades qu'on pouvait transporter.

Depuis lors, les membres du Comité sectionnaire eurent à se prodiguer. Ils devaient à tout instant sortir dans la rue pour veiller à la sécurité des gens qui se refusaient à suivre les instructions données pour le temps du bombardement. Le 24 janvier, M. Margadant, pâtissier, rue de Paris, traversait la rue sur le trottoir de laquelle se trouvait M. Salle. Au moment où ce dernier allait reprocher son imprudence au commerçant, un obus arrivait en sifflant et M. Salle voyait rouler à ses pieds le chapeau du malheureux qui s'était effondré au milieu de la chaussée. Le président du Comité sectionnaire ramassa le chapeau, la tête de l'homme s'y trouvait. Elle avait été tranchée net. Le cadavre recueilli aussitôt fut porté rue Fontaine.

Nous aurions à citer vingt autres traits encore. Nous ne pouvons songer à le faire, mais nous devons ajouter que, durant le bombardement, le zèle des ambulanciers de Saint-Denis ne se ralentit pas un instant. Ils ne cessèrent pas de se prodiguer, recueillant les morts dont une douzaine étaient transportés dans les annexes de l'ambulance de la rue Fontaine et étaient ensuite inhumés au cimetière de Saint-Denis par les soins de M. Salle et de ses domestiques. Ils recherchaient les blessés qui étaient aussitôt dirigés sur les diverses ambulances de la ville. Ils assurèrent ensuite du pain aux personnes qui s'étaient retirées à la Plaine, à l'ambulance de la Parfumerie Violet.

Mais nous ne pouvons arrêter là le récit des actions du Comité sectionnaire sans accorder une mention à un secours inespéré qui vint aux Dyonisiens.

Le 29 janvier, l'ordre était donné d'abandonner Saint-Denis et de faire rentrer toutes les troupes dans Paris. Le lendemain les Prussiens faisaient leur entrée, suivis à quelques heures de distance par un voyageur à l'aspect fatigué, les vêtements souillés et qui arriva chez M. Salle, rue Compoise. La maison avait particulièrement souffert du bombardement. Les murs de clôture du jardin avaient été renversés et la serre détruite. Malgré tout, une vingtaine de malades se trouvaient recueillis là, soignés par les hôtes et par sept religieuses. Si la toiture de la maison était enlevée, en effet, du moins les glaces avaient tenu bon et les pièces pouvaient être emménagées pour le service d'ambulance. Ce fut aussitôt fait. Mais le voyageur avait demandé à parler au maître de céans. Celui-ci était par la ville à l'exercice de sa mission d'ambulancier. Sur la réponse qui lui fut faite, l'étranger fut dans les écuries et, s'installant sur une botte de paille, il s'endormit profondément. Il ne fut tiré de son sommeil que par le président du Comité sectionnaire qui lui fit accepter de se reposer dans un lit et de recevoir son hospitalité. Cet étranger était M. Ray, rédacteur au *Daily News*, et chargé spécialement, par ce grand journal anglais, de suivre les opérations pour en envoyer le récit à son journal. Il consentit à accepter l'offre de M. Salle qu'il suivit dès lors dans toutes ses expéditions, semant autour de lui les preuves tangibles de son inépuisable charité. Elle l'amena à distribuer aux pauvres gens de Saint-Denis et des villages environnants ruinés par la guerre des secours en argent et en nature. Plus de 80.000 francs furent répartis par ses soins au cours de son passage à Saint-Denis.

Un tel dévouement, venant s'ajouter à celui de MM. Salle, Lefébure, de Plument, etc... méritait d'être cité et de retenir l'attention. On en a conservé du reste un souvenir précieux à Saint-Denis où le nom de M. Ray est toujours honoré.

SAINT-DENIS SAUVÉ DE LA CONTRIBUTION DE GUERRE

Le 16 février, M. Goupil, beau-frère du commandant Baroche qui était mort en héros au Bourget, après avoir combattu vaillamment, ainsi que nous l'avons dit, M. Goupil vint demander à M. Salle de vouloir bien se rendre au Bourget, muni d'un cercueil, dans un endroit désigné par un blessé prussien soigné à Paris. Le lieu indiqué semblait être celui de la sépulture du Commandant. Le président du Comité de Saint-Denis se hâta et arrivé au Bourget, il vit le colonel commandant la place qui se mit à sa disposition avec ses soldats pour rechercher le corps de Baroche. Au bout d'une heure on eut la certitude de pouvoir le retrouver. On poursuivit activement les travaux et au moment où l'on allait déposer la dépouille du héros dans le cercueil apporté, le Prince de Wurtemberg survint, entouré de ses officiers.

Le Prince s'adressa aussitôt à M. Salle, et il le félicita à très haute voix d'avoir réussi dans sa mission, ajoutant aussitôt : « Le Commandant est mort en vrai soldat et c'est une mort que j'envie. Je souhaite que vous rendiez à sa mémoire tous les honneurs qu'elle mérite ! »

Très ému, M. Salle demanda au Prince de vouloir bien redire ces paroles à M. Goupil et à M. de la Palme, notaire à Paris, parents du défunt et qui accompagnaient la petite expédition. Le Prince n'hésita point et les parents de Baroche étant survenus, il fit d'une voix claire l'éloge du soldat français qu'on allait emporter, disant sa bravoure et sa belle conduite. M. Goupil le remercia de ces éloges mais M. Sallé trop ému ne put se joindre à lui. Le colonel prussien en fit la remarque aussitôt après le départ du Prince, se montrant sévère pour le président du Comité sectionnaire de Saint-Denis qui, l'entendant, partit aussitôt à la poursuite du Prince. Le rejoignant après quelques instants, il lui présenta ses excuses avec l'expression de ses remerciements et il ajouta qu'en recherchant le corps du commandant Baroche il avait remarqué la faible profondeur à laquelle étaient enfouis les cadavres. Il exprima ses craintes de voir des épidémies se déclarer dans la région de ce fait, au moment des chaleurs. Il était du devoir des Prussiens installés là, de parer à ce danger. Le Prince de Wurtemberg le comprit parfaitement et il remit à M. Sallé un « laissez-passer » pour Versailles lui demandant, dans l'intérêt général, d'aller refaire cette déclaration au Prince Pless, chargé spécialement des services sanitaires.

Or, à cette heure, Mme Sallé venait annoncer à son mari, encore occupé autour des tombes ouvertes, que M. Moreau, maire de Saint-Denis, le demandait d'urgence, pour lui faire part des graves préoccupations qui étaient les siennes.

On le comprendra après la lecture du document qui venait de parvenir à M. Moreau et dont nous reproduisons les termes :

Par ordre du Commandant en chef de la 4e Armée, la Ville de Saint-Denis doit payer jusqu'à demain vendredi 17 février, à 6 heures du soir, une contribution de guerre de 800.000 *francs*.

Cette somme doit être déposée en or ou en argent (on ne prendra pas des valeurs), dans la maison du Commandant de place, rue de la Boulangerie, 43, jusqu'au temps au-dessus mentionné. Un délai de 24 heures augmentera la contribution de 50.000 francs et on prendra alors les représailles les plus fortes.

Saint-Denis, le 16 février 1871.

Pour le Commandant de place.

Signé : NEUMANN, colonel.

M. Salle, ainsi appelé de suite — et M. Moreau lui demandait d'user pour son retour de la voiture qui avait amené Mme Salle, — M. Salle fit répondre qu'il ne pouvait quitter le Bourget que lorsqu'il aurait remis en état les tombes qui venaient d'être fouillées et ne serait à Saint-Denis qu'à sept heures du soir. Dès qu'il fut en présence du maire, il essaya de calmer ses alarmes en lui disant que, chargé d'une mission à Versailles, par le Prince de Wurtemberg, il ferait tout le possible pour amener une transaction acceptable.

Le 17, il s'en fut, à la première heure, accompagné de M. Ray. Partis à cinq heures du matin, ils arrivèrent à Versailles vers 10 heures et demie après avoir changé de cheval à Chatou.

Il fallut d'abord parlementer à l'hôtel des Réservoirs pour pouvoir joindre le Prince Pless. Enfin, à force d'énergie, les envoyés purent approcher le Prince qui était à table et il lui firent part de leurs craintes d'une épidémie prochaine si des mesures n'étaient prises immédiatement. Le Prince manifesta une grande reconnaissance à son interlocuteur pour une démarche si intéressante et M. Salle en profita pour parler du désaccord qui existait entre les dires des journaux allemands — ils faisaient grand bruit autour de la discrétion des vainqueurs qui ne sollicitaient pas, écrivait-on, de contributions de guerre — et le fait par les armées victorieuses de réclamer 800.000 francs à Saint-Denis. Vaincu par l'évidence, le Prince conseilla à M. Salle de voir l'Empereur à la préfecture, et il le fit accompagner de deux sous-officiers qui l'y conduisirent. Ils arrivèrent au moment où l'Empereur sortait en voiture; mais à son cabinet, il fut répondu à M. Salle que la communication devait être faite au Ministre de la guerre; M. Salle fut reçu sans tarder par M. de Roon à qui il exposa la situation, lui faisant constater l'erreur commise soit par la Presse, soit par le commandant de la place de Saint-Denis, mais insistant sur cette inconséquence. Le Ministre n'hésita point à se rendre et après avoir témoigné beaucoup d'humeur, il s'adoucit et pour terminer l'entrevue, il présenta M. Salle à ses officiers. Puis, il lui prit le bras et il le conduisit galamment jusqu'à la porte. Aussi, M. Salle emportait l'assurance qu'il avait pleinement réussi.

Il ne se trompait point ; rentré très tard dans la soirée, il apprit que l'ordre avait été donné par M. de Roon de supprimer toute demande de contribution de guerre à Saint-Denis. Ce n'était point du goût du général commandant la place, mais ses injures n'intimidèrent pas M. Salle. Il s'en rendit compte et après avoir dépeint sa situation et la nécessité où il était de subvenir à des besoins pressants, M. Salle voulut bien lui consentir à titre de prêt la remise de 15.000 francs sur ses propres deniers. Le remboursement de cette somme lui fut du reste opéré peu après par la ville de Saint-Denis reconnaissante.

Avant de clore ces quelques pages à l'honneur du Comité sectionnaire de Saint-Denis de la Société de Secours aux Blessés, nous avons à citer un dernier trait qui nous montrera la part prise par Saint-Denis dans l'organisation des services charitables et sanitaires au cours de la dernière guerre. Tandis que Saint-Denis avait l'organisation parfaite que nous avons décrite, Versailles se trouvait quelque peu désemparé et Mlle Hocquenet, qui avait entrepris l'organisation des services dans cette ville, ne pouvait s'en tirer à son honneur quand elle vint trouver M. Salle pour lui demander son appui. M. de Beaufort, de la Société de Secours aux Blessés, avisé par ce dernier, le pria de demander des secours pour des ambulances supposées chez M. Salle et chez son frère, à Paris, 39, boulevard Haussmann et 17, boulevard Poissonnière. Il fallait agir, en effet, avec précautions, par ces temps de Commune ! et les Versaillais n'avaient rien à attendre du pouvoir insurrectionnel. Grâce à ces précautions, M. de Beaufort faisait viser les demandes et quand la livraison était faite des objets demandés, des voitures de blanchisseurs venaient prendre possession des secours et les transportaient à Saint-Denis d'où ils étaient chargés sur d'autres voitures qui partaient pour Versailles, accompagnés d'un employé de la banque, de M. Salle. On appréciera la valeur des secours ainsi fournis à Versailles par la lettre suivante adressée le 8 août 1871 à Mlle Hocquenet.

Tout commentaire serait superflu. Il suffira de citer le texte :

Saint-Denis, le 8 août 1871.

Mademoiselle,

Dans les mois d'Avril et de Mai. douze voitures ont été dirigées de Saint-Denis sur Versailles pour transporter :

1° Tous les objets que vous avez fait déposer 63. rue Compoise, à Saint-Denis. par les voitures de la Société et par celles de la Compagnie de l'Ouest ; — les draps et les couvertures que vous avez transportés vous-même dans les voitures de Foy-Davenne et lorsque les communications avec Paris devinrent impossibles pour vous, tous les paquets déposés, suivant vos instructions, boulevard Poissonnière et boulevard Haussmann qui ont été transportés à Saint-Denis par des voitures de blanchisseurs.

Je tiens aussi à vous rappeler un représentant des ambulances de Versailles qui a bien voulu se charger du transport de quatre grandes caisses de draps en nous donnant l'assurance qu'elles ne seraient ouvertes qu'en votre présence.

2° Tout le matériel qui avait été sauvé de nos ambulances de Saint-Denis après le bombardement et avant l'arrivée des prussiens.

40 brancards.

De la toile cirée pour garnir trois lits.

200 draps au moins.

50 couvertures.

300 chemises.

100 mouchoirs au moins.

Des gilets de flanelle.

20 paquets de linge (bandes, compresses, charpie).

Des bonnets de coton.

Deux caisses remplies d'objets de pharmacie (30 bouteilles de vin, sirop et liqueurs).

3 boîtes en bois pour contenir le linge des pansements.

Des appareils pour fractures en bois et en fil de fer.

Des ustensiles de ménage, poterie, vaisselle, verreries, 40 pots de nuit, 300 couverts de métal, 100 couteaux, 200 tasses en métal, six lampes.

Les draps et les couvertures avaient été en grande partie prêtés par des habitants de Saint-Denis qui se trouvent dans la nécessité de les réclamer, ne possédant plus pour eux, dans leur demeure, aucun objet de literie après le passage des soldats prussiens.

Je viens donc vous prier d'être mon interprète auprès des membres du Conseil (de la Société de Secours aux Blessés) pour leur faire part des justes réclamations qui me sont faites et leur demander, pour y faire droit, d'accorder aux ambulances de Saint-Denis :

200 draps.

100 couvertures.

50 matelas.

Si vous pouvez obtenir aussi pour le vestiaire des pauvres de la ville de Saint-Denis des chemises, des gilets de flanelle, des draps et des matelas, vous pouvez être assurée que ces dons seront reçus avec la plus grande reconnaissance et qu'après le départ de l'armée allemande on en trouvera de suite un emploi très facile.

Je n'ai personnellement à vous réclamer que les avances que j'ai faites pour la Société :

Six courses de voitures pour transport de matériel de Saint-Denis à Versailles, fr. : 30 la course.	180 fr.
Trois courses de voitures pour les Sœurs de Saint-Vincent-de-Paul à fr. : 35.	105 —
Sept courses de voitures de Paris à Saint-Denis à fr. : 10	70 —
Somme remise au maire de Colombes.	100 —
Paiement fait au chemin de fer du Nord pour transport de colis venant de Lille.	65.20
Deux demi-barriques de vin de Bordeaux transportées à Versailles par M. Ellissen.	192.95
Total.	713.75

Veuillez agréez, Mademoiselle, etc...

Ces nobles traits, tout à l'honneur de M. Ray, de Mlle Hocquenet et de M. Salle, méritaient de venir compléter ces notes hâtives sur l'action si digne d'admiration du Comité sectionnaire de Saint-Denis de la Société de Secours aux Blessés. Nous ne saurions, en effet, trop le redire. C'est en qualité du Comité sectionnaire de la Société de Secours aux Blessés qu'agirent M. Salle et ses amis. Il convient de leur adresser des hommages, des compliments, des félicitations pour l'œuvre qu'ils ont accomplie, pour les services qu'ils ont rendus à la Patrie et aux victimes tombées pour sa défense et son salut, mais on ne peut oublier que leur œuvre fut puissamment facilitée par la Société de Secours aux Blessés. Il aida encore au règlement des comptes. Un grand nombre de personnes qui avaient offert généreusement des lits, des draps, des couvertures, de la lingerie, n'avaient pu rentrer en possession de leurs meubles ou de leurs vêtements qui avaient été détruits par le bombardement ou enlevés par les prussiens. De plus, d'autres avaient subi de graves dommages, notamment les sœurs de la Compassion, l'Orphelinat, l'Institution de M. Marchet. La Société avança au Comité dyonisien, pour le règlement de ces frais énormes, une somme de plus de 15.000 francs qui put relever bien des ruines.

La reconnaissance que l'on a le devoir d'accorder à ces Messieurs doit donc aller aussi à la belle et grande œuvre qui saura encore dans l'avenir, nous en avons foi, susciter de pareils dévouements. Vienne l'ennemi, et la Société de Secours aux Blessés et son Comité sectionnaire dyonisien sauront encore se montrer à la hauteur de leur tâche, pour nos soldats et pour la France.

PIÈCES ANNEXÉES

Société de Secours aux Blessés
des Armées de terre et de mer
Palais de l'Industrie (Champs-Élysées)

'Paris, le 15 septembre 1870.

Par délibération du Conseil de la Société en date du 15 septembre mil huit cent soixante-dix, M. Salles (*sic*) est reconnu comme président du Comité de Secours aux Blessés des Armées de Terre et de Mer de Saint-Denis (Seine). '

Le Président du Conseil.
Cte de Flavigny.

Ministère de la Marine
et des Colonies

Monsieur le Ministre,

Parmi les personnes dont le zèle et le dévouement ont le plus particulièrement fixé mon attention, depuis que j'ai été appelé au Commandant de Saint-Denis, je dois citer en première ligne M. Hippolyte Salle, président du Comité de la Société du Secours aux Blessés à Saint-Denis. Il serait long d'entrer dans tout le détail des services rendus par cet infatigable bienfaiteur. Pendant les opérations militaires, chacun pouvait le voir sur le champ de bataille, relevant les blessés et dirigeant avec autant de courage que de sang-froid les mouvements de ses ambulances, puis il se mettait modestement à prodiguer des soins aux malades, des soulagements aux malheureux.

Le bombardement de Saint-Denis n'a fait que corroborer la haute opinion que je m'étais faite de M. Salle, et la confiance que j'avais placée en lui. Dans cette cruelle circonstance, il n'a cessé d'être le premier à l'œuvre, dispensant à tous les soins les plus empressés et ne perdant pas une occasion de soutenir les blessures physiques et morales de l'infortunée population.

Je manquerais à un de mes premiers devoirs, en n'appelant pas sur M. Salle votre équitable bienveillance, et je me permets de vous le proposer avec instance pour le grade de Chevalier de la Légion d'honneur.

Je suis, Monsieur le Ministre, etc...

Le Vice-Amiral commandant le corps d'Armée de Saint-Denis,

De la Roncière-Le Nourry.

GRANDE CHANCELLERIE
DE L'ORDRE NATIONAL
DE LA LÉGION D'HONNEUR
—

Paris, le 14 Mars 1871.

Monsieur le Comte, (de Flavigny),

Par décret en date du 22 février 1871, M. Salle, président de la Société internationale de Secours aux Blessés de Saint-Denis, a été nommé Chevalier de l'Ordre National de la Légion d'honneur.

En vous déléguant les pouvoirs pour procéder à sa réception, je vous adresse la décoration et les pièces qui lui sont destinées.

Recevez, Monsieur le Comte. etc...

Pour le Grand Chancelier,
le Secrétaire Général,

De Vaidriniez.

SOCIÉTÉ DE SECOURS
AUX BLESSÉS MILITAIRES
PARIS
—

Paris, le 15 mars 1871.

Monsieur,

Je suis très heureux de vous transmettre le Diplôme de chevalier de la Légion d'honneur, en témoignage du concours que vous avez généreusement prêté à l'œuvre internationale de Secours aux Blessés.

C'est pour moi une bien vive satisfaction d'avoir à vous féliciter sur la juste récompense accordée à votre dévouement.

Veuillez agréer, monsieur, l'assurance de ma considération la plus distinguée.

Le Secrétaire général,
COMTE DE BEAUFORT.

Messe anniversaire pour les soldats et marins tués sur le territoire de Saint-Denis en 1870 et pendant le bombardement.

L'Œuvre des Prières et des Tombes, « fondée par le Révérend Père Joseph » a institué une Messe Anniversaire en remettant à la paroisse de Saint-Denis-de-l'Estrée une rente 3 0/0 de 15 francs, afin d'assurer la célébration d'un service pendant le mois de novembre.

De nombreuses invitations sont adressées à Saint-Denis, de la part de la Société de Secours aux Blessés dont les membres ne manquent pas d'y assister. en portant la médaille de la Société en même temps que des officiers et leurs familles. Monsieur le Chanoine Iteney, curé de la paroisse, a coutume d'adresser à l'Assistance un discours toujours empreint de la plus vive émotion et qui est destiné de préférence aux enfants du patronage, nombreux à cette messe. M. Salle avait fait aussi une fondation pour que tous les dimanches, à la Grand-

Messe, on recommandât aux prières les soldats et marins morts au service de la France.

Après la loi de la séparation de l'Eglise et de l'Etat, le séquestre s'était emparé des deux titres de rente en question mais, à la réclamation de l'Œuvre des Prières et des Tombes, ces titres ont été rendus et la célébration du service a pu être continuée ainsi que la recommandation au Prône.

———————

Imp. de Vaugirard, H.-L. MOTTI, dir. 12-13, imp. Ronsin, Paris.

www.ingramcontent.com/pod-product-compliance
Lightning Source LLC
LaVergne TN
LVHW022029080426
835513LV00009B/926